私の出会った子どもたち

ぼく、わたしの小さなつぶやきに耳を貸して!!

運天文子

Unten Fumiko

はじめに

私が教職を目指したのは、今から三〇数年前、小学校四年生の時でした。学級の中で、いつも暗く、寂しげな顔をしていたT君の存在があったからです。その当時、(昭和三〇年代)は、生活物資も満足になく、いつもおなかをすかしていました。学校の校舎も粗末で、学級の人員も五〇人近くで、さながら、すしづめ状態でした。そんな中にあっても、学校は、私にとって、夢を育む唯一の存在でした。ワクワクしながら、登校したのが、つい昨日のように思いだされます。私のそうした思いとは裏腹なT君の様子を見て、「どうして、暗く寂し気なんだろう?先生は、どうして、

T君の気持ちを聞いてあげないのだろう?」との疑問が湧いてきました。その思いを解決するには、今以上にしっかり勉強し、先生になることだと、子どもなりに考えて、目標に向かって進みました。そして、次のような思いを込めて、歩み始めたのです。

「学校ってステキな所だ。どんなことでも話し合い、笑顔いっぱいの教室を作るのだ」そんな希望に満ちた幼少期だったのだが、現在に目を向けると生活は豊かになっているはずなのに、暗く、寂しい表情をした子のなんと多いことか。学校現場では、いじめが横行し、果ては、自殺という悲しいニュースが後を絶たない。一体、この世の中どうなっているのでしょうか。かけがえのないこの子どもたちに笑顔を取り戻すには、どうしたらいいのかと苦悩しました。どんなに世の中が変わろうとわが子に対する親心は不変なものだと信じたい。だから、もう一度原点にたち返って、声にならない子どもたちの小さなつぶやきに耳を傾け、そっとうなづいてほしい。その事が子どもたちを勇気づけ、明るい未来へとつながることだと信じているからなのです。未熟な私ですが、子どもたちとかかわった三九年間の想いを「私の出会った子どもたち」というタイトルで本を出すことにしました。
どうぞ、この本を一読して、共に考え、行動していけたら幸いに存じます。

二〇一七年二月

運天文子

もくじ

2　ことばの教室だより　57

1

私の出会った子どもたち

教師生活を振り返るきっかけ

月日の経つのがなんと早いこと。教職を辞してから早一一年、あれほど奮闘していた学校での出来事もすっかり忘れ、趣味（パッチワークに魅了されて）に明け暮れ、悦に入っていた矢先、突然、学校生活の一コマが夢（子どもたちは、何か物憂げで、しかも怪訝そうな眼差しで、私を見つめ、口をモゴモゴさせて何か言いたげな様子）に出て思わず飛び起きました。布と遊んでいる場合じゃないとふと我に返る。そして、これまで歩んできた道のりを振り返る事にしました。

夢に向かって

昭和三八年四月、夢の第一歩（琉球大学教育学部、初等教育学科に入学）を踏み出しました。首里の小高い丘にそびえ立つ、憧れのキャンパス（琉球の文化の発祥地）で胸をときめかしながら、議論をし、探究し、知識を深めていきました。そして、人と人とのつながり、支えあう喜び、生きることの素晴らしさを見出した、実り豊かな四年間でした。

昭和四二年二月、夢にまで見た憧れの教員免許状を手に、無事卒業しました。そして、その年の四月、教員採用の通知を受け、天にも昇る心地でした。貧しいながらも四年間私を支えてくれた父母に恩返しが出来る喜びに、小踊りして、小さなバッグを抱えて、屋慶名港を後にしました。見送りに来た不安げな父母に心配をかけまいと、せいいっぱいの明るい笑顔を振りまいていた私でした。

初赴任地での出来事

希望に胸膨らませて宮城島に降り立ったのだが、突堤から集落までの坂道の長いことにびっくりしました。さらに、用意されていた借家は、台所もなく、水道もない、電気も時間制限があり、まるで一昔前にタイムスリップしたかのような錯覚に陥り、意気消沈しました。その上、石油会社（ガルフ）の誘致問題で島が二分され、島全体が騒然としていて、張りつめた空気が漂っていました。そのため、子どもたちも落ち着かず、静けさには、ほど遠い学習風景でした。

一緒に赴任したS先生や、M先生も耐えられず、わずか一週間で、リタイアしたのです。とてもやりきれない気持ちでした。続けられるのかしらと、暗く沈んでいると、ふと初心の思いが頭をよぎり、前へ進むことにしました。初担任の五年二組の子どもたち、三〇人余のキラキラ輝く瞳を見ていると、嬉しさのあまり、涙が出てきました。そんな私を見てすぐに、「泣きメソ先生」「人形先生」などとあだ名で呼ぶようになりました。そして、やんちゃの連続、手を変え、品を変えして大変な毎日でした。でもひるむことなく応戦し、ついに子どもたちの輪の中に入れたのです。教師を志した時の、あの気持ちを一人一人に丁寧に向き合って、相手の気持ちをしっかり聞いてあげた事が信頼と笑顔につながったことと思いました。

それからは、毎日が楽しくて、一気に三〇人余の弟妹が出来た感じでした。そして幼い頃の私の夢が現実になり、いい雰囲気の学習の場が確立し、笑顔がいっぱいの幸せな日々でした。

風疹による難聴児の担任になって

島での三年間の勤務を終え、水道や電気が自由に使える、ささやかな文化生活が出来る憧れの本島へ。次の赴任地は、離島での三年間の遅れを取り戻すには、当時中部の中心街と言われていた中の町だと決め、迷わず第一希望に中の町小学校と言い切ったのが全く想像すらしたことのない未知の教育（風疹による難聴学級）に足

を踏み入れることになりました。

当時、中部の風疹による難聴児八七人を一堂に集め、コザ市胡屋に所在するコザ社会保険事務所の三階ホールで指導が実施されていました。まだあどけない子どもたちが聴能訓練だといって大音響のプレイヤーや太鼓の音を頼りに、大ホールを駆け回っているそんな子どもたちを見て、何という教育だろうと、驚きと不安で、身も凍る思いでした。

幸運にも、国の政策として教員研修が義務付けられていたことです。早速研修を受けようと決心し、東京教育大学付属聾《ろう》学校へと出発しました。そこでは、聾教育の一流の先生方の指導のもと、少人数（六人）の子どもたちの前で、「トピックス」と言うタイトルで話（言葉）を引き出していく授業が主でした。沖縄の風疹難聴児と違い、聾児ではあるが、生活も恵まれ、母親も高学歴の為基本的な生活習慣も確立していました。補聴器の装用から言葉かけ等、どれをとっても新米の私が入り込む隙間もないほど完璧になされていました。それでも、母親たちは、未経験な指導者の私が発する言葉を一字一句漏らさずメモして、それを、帰ってから子どもに語りかけて翌日につなげているとのことでした。それを聞いた時、母親教育がいかに重要かということも思い知らされました。

三カ月の短い研修でしたが、聾児への関わり方、言葉をいかに育てていくかの方法などのヒントが得られ、がんばろうという意欲が出てきました。

その後五年間、風疹難聴学級での厳しい指導（声の出し方、絵カードを使っての物の名前の拡充、絵本を使ってのお話の理解、発音指導）等を悩み苦しみながら必死に頑張り通した五カ年でした。

風疹による聴覚障害児について

1　発生

一九六四年〜一九六五年にかけて、沖縄全島に風疹（三日はしか）が、大流行しました。妊娠初期で風疹に罹患した妊婦から産まれた子どもたちが風疹児と呼ばれています。日本政府派遣団検診班の報告によると、風疹児の数は四〇〇人以上もいるとされ、その子どもの八〇％は、九〇ｄＢ（ｄＢは聴力測定単位）以上の高度難聴児であり、その他、先天性心疾患、先天性白内障の二重三重の重複障害を持った心身障害児とされています。

2　教育

風疹による難聴児の教育は、子どもたちが、三歳になって始められました。初めて補聴器を装用し、三歳〜五歳の三ヵ年間、幼稚部教育がなされました。最初の頃、母親にしがみついたり、他人の物と自分の物の区別もなく、全くの野放し状態であり、声も「アアーオーオー」だけしか出せなかった子どもたちが、補聴器の装用が身体の一部となり、言葉も「センセイオハヨウ」などと言えるまでになりました。

これまで単語だけの話し言葉が、二、三語文へと変わってきた子どもも見られるようになりました。

子どもたちは、一九七二年四月就学適齢期を迎え、公立小学校へ難聴学級の一員として入学しました。本来ならば、沖縄聾学校へ入学すべき難聴児が、多数出生したため、在籍人数の都合で、各市町村の公立小学校に入学し、普通小学校の教育計画の中で、特殊教育を受けるようになりました。

当時、難聴学級が設置されていた学校は、北部二校（名護小学校、西小学校）、中部一校（中の町小学校）、那覇五校（開南小学校、壺屋小学校、大道小学校、仲西小学校、仲里小学校）、南部一校（糸満南小学校）宮古三校（北小学校、西城小

学校、伊良部小学校)、八重山一校(平真小学校)、となっていました。

「風疹児教育のあゆみ」(一九七二年発行)より

教職三九年の実践

私が歩んできた教職三九年間の内分けは、普通学級一三年、障害児学級二六年(風疹学級五年、知的障害学級九年、言語学級一二年)で、特に心に残った事例をその当時の日々の記録(ことばの教室だより)をもとに回想することにしました。

言語学級担任として

一九八四年うるま市のK小学校に言語学級（通級制で、普通学級に在籍し、障害の程度により週一～三時間、ことばの教室へ通級して、指導を受ける）が開設されました。

以前、風疹学級を担当していたという理由で言語学級担任として迎えられました。難聴児指導が主と思い、気軽に考えていたものの現状は風疹学級と違い障害の多様化（構音、吃音、口蓋裂、情緒、自閉的傾向、発達遅滞、その他）に愕然としました。そんな私の胸中も知らず、一二人の子どもたちは、穏やかないい顔をしていました。しっかりしなくちゃと気持ちを奮い立たせ、ポジティブに考えることにしました。風疹児学級での指導がきっと生かされることを確信して、少しずつ自信を取りもどし、笑顔で対面することができました。指導の目当てとして、「焦らず、常に笑顔で、強要しない」ことをモットーに歩むことにしました。

なかなか言葉を発しないMちゃん

希望に夢膨らむはずの新一年生のMちゃん、声もボソボソと聞き取りにくく、うつむき加減で、ほとんど言葉を発しない。

障害名は、「言語発達遅滞」。当初のMちゃんの様子はと言うと、口は常に半開き、よだれもあり、鼻水も出ていました。周りから受け入れられるにはどうしたらいいものかと考えた末、次の様な指導方針を立てました。

まず、外見を清潔にすること。つまり鼻水やよだれをなくすことから始めました。

そのため、キャラクターのついたかわいいピンクの手鏡を準備し、イナイイナイバー

で鏡を見てニコッと笑う。その際、ゴックンとつばを飲み込み、鼻をかむ、その動作を遊びとして繰り返し行う事によって何の抵抗もなく、楽しく取り組むことが出来、表情も明るくなってきました。「自分でゴックンしたよ」とか「鼻かみもしたよ」とか言い、鏡で遊ぶのが嬉しそうな様子でした。鼻水やよだれがすっかり取れ、身ぎれいになり、Mちゃん、Mちゃんと周りからの声かけも増え、仲良しの友達もでき、一緒に言語学級に来て遊ぶようになりました。

次に、絵本の読み聞かせや音読で語彙も次第に増え、対話がスムーズに出来るようになり、活気が出てきました。この頃より、不明瞭なダとラの音出し遊びを始めました。ウエハースという円いセンベイを小さく四角に切って、構音点（発音をする位置）を教えました。前舌につけたウエハーを上歯茎裏にタッチしてダと発音します。ラ音は、軟口蓋につけたウエハーを前舌裏で取り、ラと発音します。

センベイのウエハースにつられ、繰り返し練習するようになりました。そして、「ダルマ」「ダンゴ」「ヨダレ」「ラッコ」「そら」「ラジオ」とダとラの弁別が可能になり、自信へとつながりました。

三月間近、教材文の「たぬきの糸車」を明瞭な声で音読できるようになり、通級指導を終了することにしました。自信に満ちたMちゃんの笑顔。つばをゴックンと飲み込む遊びをしていたあどけないMちゃんの姿がうそのような晴れやかな笑顔でした。

退職してから、二年ほど経ったある日の事。近くのスーパーで成長したMちゃんに出会いました。控えめだが、与えられた仕事をきちんとこなしていました。その上、接客の対応も丁寧な言葉使いで行っている様子を見て、本当にMちゃんなのかしらと目を疑うほどでした。後に迎えに来られた母親から、高等養護専門学校を卒業し、就職活動期間だと言う事を誇らしげにお話ししてくれました。

知的障害児学級担任として

一九八九年、沖縄市のK小学校に赴任しました。当初の担任は普通学級三年生。腕白盛りで、元気いっぱいの子どもたちに接し、風疹と言語学級を担当していた私にとって対話がスムーズに運ぶうれしさに、毎日が夢のように過ぎていきました。出来たら、次年度も普通学級をと意気込んでいたちょうどその時、校長先生から、ぜひとも知的障害学級の担任をと告げられ、私のささやかな夢は、はかなく消え去りました。なおも渋る私に校長先生の思いを切々と聞かされ、以前、風疹学級の授業をご覧になった時、障害の重い本校の知的障害学級の担任をと決めていたとのことでした。私としては、どんな授業をしたのか記憶にないのですが、全く耳の聞こえない子どもたちへの必死の授業でした。不安げにメモを執る母親たちの前で、集団補聴器やワイヤレスマイクを使っての授業に感極まってそう言われたことだと受け止めました。その事は、有り難く思う反面、風疹学級と違って、しかも初めての知的障害学級の担任に即答は出来ず、私は、オロオロしていました。しかし、校長先生の次の一言「どんなに障害があっても、風疹の子どもたちを指導した経験があれば、出来ない事はない。全面的に支援する」と言う強く温かい言葉に励まされ、承諾することにしました。しかし、学級の実態を知り、軽く引き受けたのが後の祭りで、頭の中が真っ白になりました。

教室は、二階の離れで、一一人の児童が、それぞれ、思い思いの動きで駆けまわり、室内は、騒然としていました。

四年生のEちゃんは言葉でのコミュニケーションが取れず、廊下に出て、ランドセルを持ち出し、窓から落として喜んでいました。「私を見て」と言う彼女の心の叫びだったと後になって気付きました。他の子どもたちはと言うと、単独行動で意思の疎通がなく、私の居場所も全くありませんでした。泣きたいような、叫びたいような気持ちを抑え、前へと進もうと思うのですが、手の施しようもなく、血の気が失せたまま長い一日が過ぎていきました。

次の日、少しは良くなるかなとの思惑も全く外れ、てんでバラバラ、それでも根気強く一人一人のなまえを呼び、彼らの動きについていくことにしました。

三日目、少しずつなのだが私の存在に興味を示し始めました。ホッと胸をなでおろしました。それでも目が離せず、苦悩する日々が続きました。

仲良し学級独自の給食開始

これではいけない、お互いが共存出来るにはどうしたらいいのか悩んだ挙句、思いついたのが、一日の内で皆が共感し合える場を作る事が出来ないものかと。とっさに浮かんだのが給食の時間でした。当時給食は、全員親学級（在籍している普通学級）でとり、準備や片づけも主体的に行動する場がありませんでした。その上、食事中、笑顔もなく、小さくなって食べている様子に、これでいいのだろうか？との疑問が湧いてきました。たとえ言葉にならなくても、笑顔でワイワイ言いながら、食事をする子どもたちを思い描き、勇気を出して（これまでの習慣を変える一大事件）職員会議に提案しました。一日の内で、一番待ち遠しい時間、食を通して子供達と触れ合いたいと言う思いを真剣に訴えると、始めは、怪訝そうな眼差しの諸先生方も賛同してくれて、なかよし学級独自の給食時間となりました。

これまでは、親学級の友達の陰に隠れて、主体的に行動する事がなかった子どもたち、とまどい、まごつきながらも支え合って、準備から片付けまで自分達で出来た事に顔をほころばせ、大きな自信につながっていきました。わけても言葉での表現は出来なくても、食事中の和やかな表情や、かわいい笑顔にこれまでの苦悩が霧が晴れたようにスーッと消えていきました。そして学級自体の繋がり、連帯感みたいなものが芽生えて来て、穏やかな時が訪れるようになりました。うまくやっていけそうな、ホンワカ、温かい気分になりました。

リコーダーを使っての仲良しメドレーが完成

もっと共感できる場をと次に思いついたのが、教室の隅っこの道具箱に入れっぱなしになっていたリコーダーでした。リコーダーを吹く事は、発音、発声にもよいし、一挙両得、思い立ったら即実行に移しました。皆で半円形に座って、シの音出し遊びから始めました。初めてのリコーダーで、指がうまく使えず、落としてばかりでした。それでも顔を見合わせて、にこっと微笑んでいました。音もてんでバラバラ、幸い、教室が離れていて、周囲に邪魔にならないことから、続けることが出来ました。音に過敏に反応するEちゃんは、不協和音に我慢できず、リコーダーを投げだし、耳をふさいでいました。そんな時、投げ出したリコーダーを「これは、Eちゃんのリコーダーだよ」と言って、彼女の椅子の上に置き、Eちゃんは、大好きな絵本室へ移動させました。他の皆は、必死にピーピー奏でていました。

その際、つばの処理がうまくできず、流しっぱなし、つば止めタオルを膝の上に置き、ホーホーホタルこいと吹き続けました。

朝の学活（学級会活動）一五分、帰りの一五分間、音遊びとして設定しました。続けている内に、つばもうまく飲み込むことが出来て、音が揃うようになってきました。次、ラの音へ、たこたこ上がれと口ずさみがら順次ソの音まで完成させました。そして、皆で声に出して「一郎さんの牧場でシシラソ」と繋げることが出来ました。まさに「継続は力なり」です。

皆が歌い出すようになると、あれ程いやがって耳をふさいでいたEちゃんが突然輪の中に入り、何事もなかったかのように笛を奏でていました。耳で聞いて音をきちんととらえていた事に驚きの連続、なんて素敵な子どもたち。Eちゃんが入ったことで我が楽隊は、一段と華やいでいました。バラバラの音でも一緒に笑いながら吹いている内にピタッとはもり、いい音を奏でる子どもたちの豊かな感性にただただだ驚くばかり。そして右手へと移行しました。右手が完成すると小さな楽隊のようで、自信が出て、どの子も満面の笑みがこぼれました。そんな折、父母からの喜びの声が届きました。「この頃、家でもリコーダーを離さず、登下校も吹きながら行き来している」と。

両手が自由に使えるようになり、季節の歌を取り入れる事にしました。「チューリップ」、「こいのぼり」、「たなばた」、「キラキラ星」などが楽しく吹けるようになりました。そして、「もっと、もっと」と催促するようになり、私の方が慌てふためく始末。気が付くと、なんと一八曲もの仲良しメドレーが完成していました。ここまで出来るとは、子どもたちの不思議な力に圧倒されっぱなし

の毎日でした。その頃、もうすぐ夏休みということで、テレビからよく流れていた吉田拓郎の「夏休み」の曲を吹いて聞かせました。すると、目を輝かせ、誰ともなく一斉にリコーダーを持ち出しました。そして、私の指の動きを食い入るように見つめ、一斉にリコーダーを吹き出したのです。嘘みたいな話、でも、できたのです。感動そのものでした。

学習発表会への出演に向けて

この喜び、この輝きを学校の皆に披露したい一心で、学習発表会への出演依頼を決意しました。またもや時代に逆行？と仲間（障害児学級担任者会）からのバッシングがあった中、勇気を出して力説しました。涙ながらの訴えに、後に引けず二〇分間の出演時間を獲得することが出来ました。『仲良しメドレー』と言うタイトルで出演することになりました。総勢一一人、こんな時が来るなんて想像すらできなかったのに、やり遂げたのです。生涯忘れることのない『仲良しメドレー』1、「ほたるこい」2、「たこたこあがれ」3、「なべなべそこぬけ」4、「ゆうやけこやけ」5、「一郎さんのまきば」6、「メリーさんのひつじ」7、「カッコー」8、「よろこびのうた」9、「きらきらぼし」10、「チューリップ」11、「こいのぼり」12、「とけい」13、「たなばた」14、「エーデルワイス」15、「うさぎ」16、「むしのこえ」17、「げんこつやまのたぬきさん」18、「ジングルベル」19、「ひとりの小さな手」20、「夏休み」とまさにこれまでの学習の総仕上げそのものでした。

一人一人のけなげな姿が走馬灯のように脳裏を駆け巡り、こみ上げてくる涙をこらえ最後に、皆で、「夏休み」の曲に乗って踊りました。すると、会場から割れんばかりの拍手が起こりました。それに笑顔で手を振る子どもたち、六年生の男の子数名が壇上に駆け上り、一人ひとりに握手をして、まわっていました。子どもたちの誇らしげな顔、顔、父母の皆も顔をくしゃくしゃにして、喜びを語っていました。たまたま会場に居合わせた宜野湾市在住の退職された校長先生より、子どもたちの熱演に感動して、一一人全員分の写真を拡大して送って下さいました。本当にありがとうございました。感謝の気持ちでいっぱいでした。

自信に満ちた子どもたちの笑顔に前へ前へと進むことのすばらしさに、やって出来ないことはないという思いを強くした一コマでした。

不登校気味なNちゃんとの出会い

一九九四年、中部のY小学校に知的障害児学級担任として採用されました。貧富の差が大きく、劣悪な生活環境から来る子どもたちが大部分でした。中でも体重が九〇キロ近くある五年生のNちゃん、母子家庭で、母親がパートの土木作業員として生計を支えていました。母親は、仕事の都合で早朝に家を出て、日が暮れてからの帰宅で、Nちゃんの面倒は、ほとんど皆無でした。母親が出勤すると、一人で起きることが出来ず、学校も休みがちでした。そのため学習の遅れもありました。その上、偏った食生活による異常なほどの体重増加、また室内には、シャワー室の設備もなく、トイレも外で使いづらい。そのため衛生面の配慮から普通学級では対応できず、障害児学級に入級している状態でした。

そんな状況にあるNちゃんに何とか人並みの生活をさせたいという思いから、早急にラポート（信頼関係をきづくこと）を取らなくちゃと考え、早朝に迎えに行くことにしました。訪問してみると、目をおおうような光景、洗濯物や雑誌、様々な生活用品が所狭しと置かれ、足の踏み場もない。そんな中で大の字になって気持ちよさそうに寝ころんでいたNちゃん。外から大声で呼び続けるのだが、なしのつぶて。仕方なく家の中に入り、揺り動かすが微動だにしません。それでも負けじと大粒の汗をかきながら起こそうとするのですが、私の方がはねとばされました。この子を人間にできるかどうかの瀬戸際、ここで投げ出しては、元も子もないという強い思いから、大きな声で「はっけよいのこった」の掛け声を繰り返し、起こそうと必死になっている私にこれまでかたくなに口を閉ざしていたNちゃんがニコッと微笑み返しました。

「あなた、人間でいたいか？　それとも動物でいたい？」そんな凄みのある私の形相に驚いたのか、スックと飛び起き、「人間でいたい」と即答、一瞬にして気持ちが通じ合い、嬉しさがこみ上げてきました。そしてきちんと約束を交わすことが出来ました。

早めに登校し、シャワーを使い、服を着替えて学習の準備をすることを日課としました。こざっぱりしたNちゃんは明るく、よく笑い、会話の絶えない全く普通の女の子でした。小さな子たちの面倒見もよく、サブティーチャーとして本領を発揮していました。

その頃、母親が慌てた様子で教室に駆け込んで来ました。「先生、助けて」と涙を浮かべて話し出しました。その話の内容があまりにも深刻で、しかも緊急を要するものでした。ある男性が、Nチャンに近づいてきて、とても心配だとのことでした。私は、すぐに校長先生に相談することにしました。校長先生も大変驚いた様子で、教育委員会の職員を交えて検討することにしました。

その結果、コザ児童相談所に委任することになりました。

母親も納得し、安堵した様子でした。まずは、生活の場を移すことが先決だと言うことで、Nちゃんの受け入れ先を探すことにしました。せっかくラポートもとれ、これからという時に、なんと無情なことかと、この現実をどれほど嘆いた事か。それでもNちゃんにとって大きな転機になることだと気持ちを切り替えて、Nちゃんを連れて中央児童相談所へ行くことにしました。車中、しばらくの間、母親と離れて暮らす事を告げると、これまでドライブ気分でルンルンしていたNちゃんがまるで聞き分けのない子どもみたいに大声で泣き出しました。「いやだ、いやだ」を連発し、泣きじゃくりました。「Nちゃんがきちんと生活が出来て、学校生活が送れるようになるまでの間、我慢をしてがんばると、また、お母さんと一緒に暮らせるから」となだめると、やっと落ち着きを取り戻し、笑顔が出てきました

児童相談所に着くと、人懐っこい子どもたちに囲まれ、ホッとした様子でした。何とかうまくいきそうな予感がして、はやる気持ちを抑えて、係の職員と話をする

と、申し訳なさそうに「実は、定員オーバーで、大変な現状だ」と言われ、がっくりしました。私にとっては、全く畑違いの分野で、どこに、どう当たればいいのか皆目見当がつかず、途方に暮れていると、職員から、「あまり期待は出来ないけれど、南部にある教会にいってごらん」と言われ、うれしさのあまり、全くの方向オンチの私だけど、地図を頼りに、心を落ち着けて、頼りにしているマイカーを南へ南へと走らせました。小高い丘の上を目印に、間違えずに一直線にたどり着けたこと(無神論者の私だが、この時ばかりは、神に導かれたとの思いで)、思わず合掌しました。

緑の芝生が敷き詰められ、季節の花が咲き誇る、清らかな当地、別世界に足を踏み入れたような不思議な気持ちになりました。そして、これまでの騒然とした出来事を忘れてしまいそうな気分に陥り、ボーッとしている私に、突然、Nちゃんが「先生、チャイムをならそう」との明るい声にハッと我に返りました。対応して下さった受付のシスターにこれまでのNちゃんのことを話すと、とても心を痛め、「本来は、成人女性の一時預かり所なのだが、今回は、特別に引き受けましょう。しかし、一週間ですよ」と申し訳なさそうに承諾して下さいました。そして、シスターの案内で、はしゃいでいるNちゃんを先頭に、各部屋を見てまわりました。ぴかぴかに磨かれた調理器具、きちんと整頓された食器棚、小瓶に、野の花が活けられた清潔な各部屋、糊のきいた真っ白なシーツのかけられた寝室を見て、「先生、ホテルみたい。すごい、すごい」を連発し、「ここに泊まれるの?」と、大興奮のNちゃん。「ここで一週間過ごすのだけど、いい?」と問いかけると、即座に「うん、うん、すごい、すごい」と拍手して、母親に甘えていました。

次の日、荷物を持って訪れる事を約束し、いったん帰ることにしました。翌朝、母親なしで、来ることを強く言われたのですが、目に一杯涙をためた母親の胸中を察し、むげに断れず、一緒に当地へ向かいました。母親も一緒だと思い、笑顔の絶えないNちゃんの様子に胸が締め付けられる思いでした。それでも平静さを装って、新天地へ。到着すると笑顔で、迎えてくれたシスターたちに、母親が涙ながらに接している様子を見て、何かを察したのか、泣き出し、車から一向に出てきませんでした。皆で代わる代わる諭すのですが、全く聞く耳を持たず、動く様子もありませんでした。炎天下、四〇分程度の格闘後、母親も一緒に泊まるという事で、やっと納得し、入室しました。Nちゃんの為、自立の為、と心を鬼にして、母親を説得しました。

明朝、母親へNちゃんに悟られないように、部屋を出る事を告げ、「後の事は、心配せず児童相談所の指示に従うように」と説明をして別れました

翌日、学校が引けると、その足でNちゃんに会いに行きました。強情っ張りのNちゃんの事ですから、さぞかし、手を焼いている事だろうと不安で一杯でした。しかし、そんな私の意に反して、当のNちゃんは、可愛いエプロン姿で、シスターと一緒に夕食の準備に大わらわでした。これまでの生活環境と全く違う中で、どうし

て、こんなに早く順応出来たのか？　子どもの持つ不思議な能力に再度、驚かされると同時に、心優しいシスターたちの並々ならぬ努力に頭の下がる思いで一杯でした。あれほど、母子分離が課題だったのに、すっかりふっ切れた様子のNちゃんの姿が、まぶしく感じられました。

わずか一週間でしたが、最小限の基本的な生活習慣の確立をと、起床、洗面、トイレの始末、入浴、洗濯、食事の準備、片づけ、身の回りのお掃除と、懇切丁寧に指導して下さったシスターたちに感謝、感謝でした。Nちゃんは、私を見ると、開口一番「先生、私は、人間になれたよ」と自信に満ちた明るい声でした。その一言で、周りの大人（シスター）たちに認められ、自己肯定に芽生えたNちゃんの強い想いが見られ、もう大丈夫だと前途が明るく感じられました。

Nちゃんが自信を持って言い切った「人間にもどれた」と言う素晴らしい体験をした土地を後に次の場所（中央児童相談所より空きが出来たとの連絡があり）に移

動しました。そこでは、夢のような一週間の出来事とは想像もつかない、全く逆で、恵まれない子ども同士の複雑な心のやりとり、いさかい、けんか等。壮絶な生活の様子でしたが、同世代の子どもたちと、まともに接したことのないNちゃんにとっては、とても貴重な経験だと励ましました。

心温まるシスター達との出会いを礎に、大きく成長したNちゃん。一カ月が過ぎると、託児所を経営する夫婦の元へと里子として引き取られました。持ち前の明るさと小さな子の面倒見のいいNちゃんは、里親は、勿論のこと、入級した学級担任や、先生方から可愛がられ、楽しい日々を送っていました。あれほど、心配していた体重も六〇キロまでも落ち、スマートなNちゃんへと変身し、活発で、ステキな女の子へと成長していました。

あれから、公私ともに忙しさに紛れて、しばらく連絡が途絶えていましたが、N

ちゃんからの便りが届きました。普通高校を卒業し、大好きなお母さんと、アパートを借りて生活をしているとのこと。そして、末尾に「人間に成長したNより」と添え書きがありました。「本当にありがとうNちゃん。あなたとのステキな思い出を大切に、前を向いて歩き続けます」と返信しました。

再び言語学級担任として

二〇〇一年、中部のK小学校に言語学級担任として採用されました。かわいい子どもたちと触れ合える最後の地とあって、一日一日がとても早く感じられて、一段と熱が入りました。そんな感慨深い日々を、順を追って回想していきます。

まず、赴任一年目の(平成一三年)の出来事から。地域性もあるのでしょうか、「ラ」と「ダ」の使い分けがうまく出来ない子どもたちがとても多いのに驚かされました。例えば、「ソウラ（そうだ）」、「ランゴ（だんご）」「コロンラ（ころんだ）」等です。それらは、これまでの日常生活で、普通に聞いて、自然に獲得した音なのです。ですから、正しい音の聞き分け方、つまり、しっかり聞き取る耳の訓練から始めました。無意味音の中から目的音を探す遊びを多く取り入れて、良い耳を育てるのです。初めの内は集中できず、どの子も誤答が多かったのですが、毎時繰り返す内に、注意力が増し、正しい音を見つけることが出来ました。そして、ゆとりの笑顔が見られるようになりました。

この頃から「ラ」と「ダ」の発音の位置（構音点）をウエハースというおせんべいを使って、きちんと指導していきました。子どもの前舌の上に小さな四角に切ったおせんべいを乗せ、その前舌を上歯茎裏にタッチします。それから、舌を出す。するとと、おせんべいが上歯茎裏に張り付いて、もう前舌にはありません。出来たら、ご褒美にウエハースをあげます。おせんべいが食べられるので、この遊びを、なんどもやりたがります。そして、知らぬ間に、正しい「ダ」の音を発することが出来、本人も大喜びでした。習慣化しているので、うっかりすると、元に戻ったりしますが、構音点が理解出来ているので、すぐに正しい発音に戻すことが出来ました。自信に満ちた笑顔がとてもステキでした。

カの発音が上手く出せないR君との出会い

二〇〇二年には、とても感動的な出会いがありました。知的には、全く問題もなく、むしろ、読み、書き、計算などすごく得意で、学習態度もよく、とても利発な子なのですが、なぜか寂しげな表情でした。さっそく構音検査をしてみると、「カ」の音が全く出せず、「ア」に置き換えて発音しているのです。大好きなお母さんの事を、きまり悪そうに「おあーさん」と言っているのです。母子ともにそのことをとても気にしているのが痛いほど伝わってきて、胸が痛みました。

さっそく、次の日から、ラポート作りに励みました。「楽しい歌遊びをしようね」と動作をしながら、すぐに歌える歌、「ひとつの指でできること」「頭の上でぱん」「どんなお顔」「曜日の歌」それから、すこしためらったのですが、「カ」の音が頻繁に出てくる「カラスなぜなくの」の歌も最後に加えて、一緒に室内を駆け巡りながら、歌いました。はじめは、はにかみながら小声で、もぞもぞとしていたR君、私のオーバーな動作や歌声につられて、はにかみながらも、笑顔で歌い出しました。そして、とても気にしていたカラスの歌になると、きまり悪そうだが、「アラスなぜなくのアーアー」と歌っていました。気持ちが通じ合った瞬間でした。これまで、私の胸にふさがっていた小さなつかえが取れた思いでした。

でも、これからが本番です。次の日から「カ」の音の訓練に入りました。R君には訓練だとは言わず、全くの遊び感覚で接する事にしました。

まず、うがい遊びから始めました。二人で、水道の前で、ガラガラペッの競争です。案じていた通り、奥舌を使うのが上手く出来ず、むせてしまいました。この状態では、駄目だと思い、仰向けに寝かせ、ストローで甘いジュースを一滴ずつ、口の中に落とし、飲み込まないで、少しの間ためるおけいこ（奥舌を盛り上げ水をためる）をくりかえしました。水ためがうまくなると、今度は、立って顔を仰向けにして、ためたジュースを「カッ」と勢いよく飛ばす（破裂音への誘導）遊びに入りました。その際、口の上に、ティッシュペーパーをかざし、ふきかけられるように繰り返し、おけいこしました。すこしきついかなと思い、「今日は、ここまでね」と言って器具をしまおうとすると「まだ大丈夫だよ」と飛ばしたジュースで、かざしたティッシュペーパーが、びしょびしょになるまで、繰り返しがんばるR君。口にこそ出さないが、正しい「カ」の音を発音したい必死の思いが感じられ、続けることにしました。

三カ月くらい経った頃です。訓練の後、何気なしに、本当に久々に「からすなぜなくの」と私の口をついて出て来たのです。すると、R君が即座に、「カーカー」と答えたのです。空耳かと、もう一度「からすなぜなくの」と歌うと、はっきりと（カー

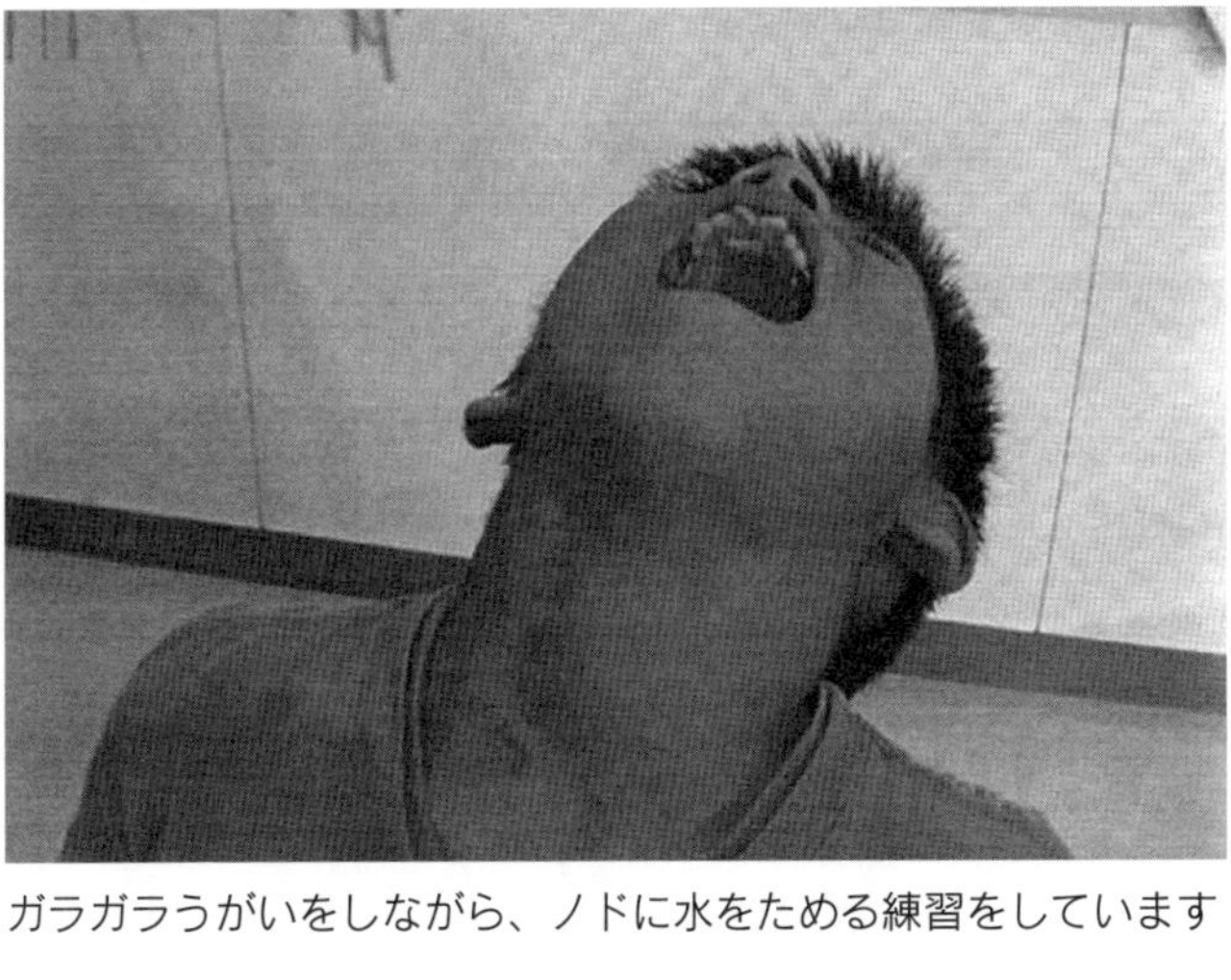

ガラガラうがいをしながら、ノドに水をためる練習をしています

カー）と答えたのです。答えているR君本人も半信半疑です。それでもうれしさのあまり、声を張り上げて「カーカーカー」と喜びの連続音。「かくれんぼをしていた『カ』の音が出て来たよ」と言った、笑顔のR君を思わず抱きしめました。

それからです、終始笑みがこぼれ、これまで音読をしぶっていましたが、国語の本を開き、自信に満ちた、明るい声で音読をしたのです。その上、これまで発音できなかった単語ノートの確かめまで一気に要求したのです。もちろんどれも見事な大きな大きな花丸です。

その後、母親から喜びの手紙が届きました。「不安と、何をしても晴れなかった暗く、長い日々が一瞬にして、消え、我が家に明るい笑顔が訪れました。本当にありがとうございました」と。そして、担任からは、「進んで挙手し、友達の輪の中へ入るようになった」との声をいただき、幸せな気分になりました。同時にまた、初心に返って頑張らなくちゃとの思いでいっぱいでした。

二〇〇三年～二〇〇六年にかけては、学級の中で、学習していくのに困難な子どもたちが増えてきました。「集中して、お話が聞けない」「じっとして座ることが出来ず、離席が目立つ」「片付けが出来ず、周りが常に散らかっている」「忘れ物が多い」「すぐにかっとなって、ケンカが絶えない」等です。

四月より、一人一人ゆったりとお付き合いすることにしました。今朝（今日）の出来事の対話を始めました。朝ごはんの様子、何でもないくり返しの日常の出来事ですが、心が育つとても大事なひと時と思います。あり合わせの物でいいのです。お母さんの手作りのお料理と、にこやかな笑顔が子どもさんのやる気につながるのです。そうしたお母さんの優しさをいただいた子は、入室するなり、進んで、話し出します。表情の穏やかなこと。そして、学習がスムースに流れていきます。

次に、「あなたの好きなことを教えて」の対話を取りいれました。絵を描くのが得意な子、魚に興味があり、図鑑を手離さない子、切り絵の得意な子、その子たちに、

「今日のお勉強（課題）が、きちんと出来たら、あなたの好きなことをしてもいいよ」と約束して、学習への取り組みを強化していきました。その間、学習の約束がしっかり守れた子には、励まし、褒《ほ》めて（確かな手ごたえを与える事）あげました。そのかいあってか、これまで途中で、投げ出し、持続出来なかった子が、集中して学習するようになりました。その結果、場の雰囲気がなごみ、静かな時が流れていきました。そんな中での音読が、一段と冴えわたり、輝きが増していきました。また、書写のサラサラと進む気持ちのいい音に、笑顔があふれ、自信へとつながっていきました。

そして、文字が正しく書けたことで、以前のノートを取り出し、「先生、上手に書けたよ」等と自己を振り返るまでになりました。ひらがな、カタカナの読み書きが定着し、教材文がサラッと読めるようになって、「先生、お勉強っておもしろいね」と言い、また学習ノートの記入がきちんと出来たことで、「学級のお友だちみたいに、上手に書けているよ」と自画自賛し、次のような事まで言ったのです。「一年生の時は、バカだったが、二年生になって、頭が良くなっているよ」と、自信に満ちた、いいお顔をしていました。

それから、ステキな絵本を常に用意して、楽しさを共有できる時間作りに心がけました。好きな絵本を何度も「読んで」とせがむ子に、そのたびに、「はい、はい」と返事をして、読み聞かせます。その子自体、繰り返し、何度も読み返し、すっかり内容がわかっている絵本「赤いかいじゅうと青いかいじゅう」を私の所に持ってきてすましています。読み進めているうちに、どんなに大変な場面に展開するのかと驚き、震える声で、読むと、シーッと指を口にあて、小声で、しかも私に言い聞かせるように、「大丈夫だよ、仲良しになるから」と。そして、次のページを開くと同時に、「ほらねっ」と頬を上気させているのです。

これまで、わがままを言っていた子どもたちが、絵本を通して、相手の立場に立って考えるようになり、また、相手の気持ちを思いやる事が出来る優しい子に育っていきました。そうした子どもたちとの関わりの中で、周りの大人たちが、子どもとしっかりと向き合い、どんな小さなつぶやきにも耳を傾け、一緒に考え、接していく事の大切さを身にしみて感じた日々でした。特に、何時も身近に接しているお母さまたちにお願いしたい私のつぶやきでもあります

夢のように過ぎた五カ年間、何とステキな良い子たち。そんな子どもたちから多くの事を学ばせてもらいました、そのたびに、頑張らなくちゃと前へ進むことが出来ました。子どもたちは、私にとって、かけがえのない存在でした。そんな子どもたちと一緒に、静かで、ゆったりした時を共有出来たこと、本当に幸せに満ちた日々でした。どうぞ、これからも子どもたちの小さなつぶやきにそっと、うなづいて下さい。そして、あたたかい声をかけて下さい。私事ですが、諸先生方、御父母の皆様方のおかげで、三九年間の教職を無事終えることができ、感謝でいっぱいです。

本当にありがとうございました。

2

ことばの教室だより

「ことばの教室」ってなあに？

運天文子先生に聞きました

――ことばの教室ってどんなところですか？

運天　いっぱいおしゃべりができて歌が歌えて絵本が読める、どの子も笑顔がいっぱいの楽しい教室です。ここでは話の聞き取りや話す力が十分でない子、話し方がスムーズでない子、発音の誤りや癖のある子、口数が少なく話そうとしない子、ＬＤ（学習障害）児、ＡＤＨＤ（注意欠陥多動障害）の傾向のある子などが通っています

――どんな授業を受けるのですか？

運天　普段は在籍している学級で学習し、決められた時間に来て指導を受けます。週に一～三時間程度です。一対一の個別指導を原則としていますが、二～三人のグループ指導もしています。ことばに悩む子には、音当て遊びやカード、すごろく遊びなど遊びの中で正しい音を聞き分ける力を育てます。また、口や舌の動きをよくするために、舌の体操を練習させたり、吹いたり、吸ったりする遊びをさせながら、息の上手な出し方を覚えさせます。また、ことばの数を増やしたり、文を作り出す力を伸ばす指導もします。一人一人の個性に合った指導をきめ細かに行なっていくのです。

――指導中の子どもたちはどんな様子ですか？

運天　みんなとても楽しそうでイキイキとやっていますよ。四十五分間たっぷりその子だけの時間ですから、とっても気持ちが満たされるんですね。ゆっくりと少しずつステップをふまえて指導するので、無理なくスムーズに改善へ向かっていけるんです。得意な分野をほめるというのもとても大事。それが自信につながって、他の場面でも実力を発揮できるようになります。

――子育てに悩んでいるお母さま方にアドバイスを

運天　子どもに「早くしなさい」は禁句。あせらない、ガミガミしない、ゆったりとした気持ちが必要です。子どもの起きる一時間前には起きて自分の仕事を済ませておく、そうすると余裕をもって子どもの相手ができます。ゆとりの気持ちがないと、子どもの話をおだやかに聞くことができません。

お子さんの言葉や行動に、少しでも気になることがあれば気軽に相談に来て下さい。相談したからといって必ずこの教室に入るというわけではありません。ご家庭や学級で指導していただいたり、相談だけを受けていく場合もあります。金曜日の五校時は「教育相談の日」としていつも空けてあります。

――個別の指導は大変ですね。

運天　私は子どもが大好きなんです。特に笑顔が大好き！にこにこいいお顔の子どもたちをいっぱいふやしたいなと思って教職を選んだの。この教室では子どもたちが自分の課題を克服して元気になっていくのがよくわかって、とてもやりがいがあります。一人一人みんな違うから教材の研究が欠かせません。日々、勉強です。

――先生、今日はありがとうございました。

ことばの教室に通った東恩納一貴くんのお母さんの話

うちの長男も一、二年生の時にことばの教室で学びました。当初はこの教室に通っていることで、学習面で遅れないか、からかいやいじめの対象にならないかと心配をしました。でもそれは全くの取り越し苦労でした。この教室に通うようになってから長男はとても活発になり、自分に自信がもてるようになったようです。今では何でも積極的に挑戦しています。この教室にはとてもお世話になり、本当に感謝しています。(東恩納恵子さん談)

Together

新学期スタートに際して

どんよりとした曇り空が続く中、校庭は、色鮮やかな花々が咲き揃い、正に春そのものです。そして、当教室のよい子たちも、輝く春の香を浴びて、ほんのり、いいお顔をしています。オリエンテーションの際の心地良いざわめき、心地良い笑いが、これからの学習につなげられそうで、わたしもうきうき弾んでいます。

さて、今学年度は、校内通級七人でスタートです。週時数は、個々人の実態に応じて一～三時間の通級個別指導になります。通常学級での生活が主ですので、周りの級友や担任の配慮がとても大事です。

指導に関しては、楽しく遊んだり、歌ったりしながら、お話の輪を広げていきます。そして、よい耳、よい口、よい舌、よい息使いの訓練等も取り入れて、音読の楽しさ、読むことへの意欲を喚起していきます。そして、お話の意味を理解が出来るように、読んだり書いたりする基礎、基本をスモールステップで指導していきます。あせらず、ゆったりとお付き合いしていきます。通級時には、専用のノート（配布）を忘れず持たせて下さい。このノートは、学習の様子や連絡等にも使います。ご父母の皆様の声も気軽にお聞かせ下さい。楽しみにしています。

今学年度も明るく、笑みいっぱいの教室にと意気込んでいますので、先生方、ご父母の皆様方のご協力よろしくお願いします。

五月の教室風景

五月六日（金）、あまりの蒸し暑さにガラス戸を思いきり開くと、待っていたとばかりに春の嵐が怒涛《どとう》のように押し寄せ、机上のプリントが空中に舞う。「どうしよう？」とあたふたとしているところへ、第二陣のさわやかな風（S君）が飛び込んできて、プリントを追いかけ楽しげに舞っている。私もつられて走り出す。そして「おはよう」の挨拶代わりに、目と目が合って思わず吹き出す。なんて素敵な春風のいたずらでしょうか？

さて、今教室では、お話の読み聞かせや短いお話、詩の音読、意見発表の機会等をたくさん用意して、しっかり聞く、伝えたいことを順序よく話すことを中心に取

り組んでいます。

五月当初、佐々木マキの絵本「どろぼうたちのよる」を目につきやすい場所に置くと、はじめに入ってきたY君はすぐに手にとり一気に黙読して、満面の笑みで「なかなかおもしろい」という。そして次々に登場したよい子たちの笑顔に勇気づけられて、今月の題材として取り組むことにした。読むことにおいては個人差があるのだが、読み聞かせや音読をしながら書かれている事実をしっかりおさえ対話を深めています。はじめは短文で答えていた子も再度繰り返し音読することによって「私は、ノッポのどろぼうがおなべを足につっこんで、ガチャポンガチャポンと逃げるところが面白いです」とか「ぼくは、デブのどろぼうが変なじじいにチンプンカンプンなお話をいっぱい聞かされるところがおもしろいです」とか。最後は、登場人物を自分に置き換えて、もし自分がどろぼうだったらとお話が広がって教室は心地よいざわめきでいっぱいです。そして、第二話のかげどろぼう、第三話のぬすまれたらこまるものへと迫っていきます。これは、「がんばりきれない」「うまくいかない」自分にも向き合いながら、また自己肯定感を積み重ねて欲しいという私の願いと「うんとがんばりたい」「かしこくなりたい」子どもたちの願いを重ねながら「自分のこと」について考える取り組みへ発展させていくつもりで、五月に向きあっています。そして五月の終わりには、楽しく取り組んだ絵本「どろぼうたちのよる」をもたせますので、親子でもう一度ページをめくりながらナンセンス絵本の楽しみ方を味わってみてください。

六月の教室風景

六月の花、あじさい（hydrangea）が薄赤紫の色鮮やかに開花しています。雨に打たれて涼しげに揺れ、静かに初夏の香りを漂わせています。そのせいでしょうか？梅雨時を忘れてしまうほど、心地よい日々が続いています。

さて、今、教室では、月桃の花を口ずさみながら、「平和って何？」「戦争ってどうして起こるの？」について静かに、静かに、語りかけています。先月、楽しく語り合った「どろぼうたちの夜」に引き続き今月は、イラクで起こっている実際の戦争についてアメリカの一三歳の少女、シャーロット・アルデブロンさんが平和集会で自分自身で調べ、考え、まとめあげた非戦スピーチ「私たち、今、イラクにいます」の絵本を読み聞かせています。当初、これまでの絵本と違うな？と怪訝そうな顔でページをめくっていた子たちが、両足のない子の写真をみつけて、「どうして、こうなったの？」とすごく真剣な眼差しで問い掛けてきます。また、皮膚がカサカサにかわいた赤ちゃんの写真を見て、そのすぐ脇に書かれている「劣化ウラン弾ってなに？」等と矢継ぎ早に問いかけてきます、その度に、少女のスピーチをゆっくり読んで上げます。「戦争がなぜいけないのか?」「爆撃で殺されるのは、だれなのか?」自分たちと同世代のイラクの子たちと向き合って、真剣に考えています。まだ、きちんとした意見は出ないのだけど、イラクの子どもたちに、自分が今してあげられることは何か、みんなでしっかり考えて、答えを見つけていこうと思っています。

その他にも「大人はなぜせんそうをするの?」「ありがとう、地雷ではなくて花を下さい」などの絵本もあわせて読み進めています。読書大好きなY君、こみあげてくる感情をサラサラと書き綴っています。その文をそのまま紹介します。

ブッシュさんへ「もしも、あなたが、イラクの人達だったら、目の前で友人や、家族が死んでいくのを見てどう思いますか? そんなことがイラクで起きているのです。」上気した顔のステキなこと。感動の一コマです。

平成一七年六月二日(ことばの教室)にて

次に、お知らせを致します。恒例の「親子プラ板作り」を七月七日（木）に予定しています。その際に、学級のお友達やお勉強の様子なども紹介します。詳しいことは後ほどお知らせ致します。どうぞおたのしみに。

七月の教室風景

あれほど、うっとうしかった梅雨も明け、雲間から抜けるような青い夏空がおめみえです。校庭の木々からは、待ちわびていたかの様にセミの大合唱が聞こえ、いよいよ夏本番へまっしぐらです。

そんな七月の声を耳にしたよい子たちは、入室するやいなや、「もうすぐ夏休みだ」「あと何日なの？」とカレンダーの前で、にこっと笑顔が広がっています。どうぞ、思い出に残るステキな夏休みを親子で計画してくださいね。

ちなみに、子どもたちは「いい夏」をすごすために、これまでの自分を振り返り、やり残したことをていねいに積み重ねています。

よい声、よい発音をするための舌、唇の機能訓練として、毎時五分間の継続指導の結果、これまでの不明瞭だった音（ラ、サ行音、ツ音）が単音では正しく構音できるようになってきました、これは、話し上手なスプーン舌をつくるためのボーロ舌のせ遊びや正しい構音点を知るためのウエハース舌取り遊び等が定着したからだと思います。

そして、七月のまとめとして、教材文「スイミー」「三年とうげ」「白いぼうし」を楽しく音読しようの課題に挑戦しています。

『スイミー』は、まさに、夏にぴったりの教材でとても興味深く取り組んでいます。

図書室から借りてきた絵本で、くらげやいそぎんちゃく、いせえび、うなぎなど、手で追いながら、まるで自分もスイミーになったかの様に繰り返し繰り返し音読していきます。今では、空で読めるようになり、自信に満ちています。

『三年とうげ』は、最初、聞き慣れない植物（ふでりんどう、れんげつつじ、ぬるでの葉）の名前にてこずりましたが、植物図鑑を活用することによって、ため息の出るほど、よいながめの文にもうなずくようになりました。そして、賢いトリトルのとんちに元気をとりもどしたおじいさんのすがたに拍手喝采です。「えいやら、えいやら、えいやらや」と、かけ声も一段と大きくなってきました。

『白いぼうし』は、初め、長いからと、逃げ腰だったが、ゆっくり読み聞かせをしてから、漢字に読み仮名をつけて、根気強く、取り組んでいます。ひらがながサラッと読めるようになり、教材文の音読にも挑戦できるよ

うになったことはステキです。

学習や生活のきまりをきちんと守って、コツコツ努力することによって、夢が実現できることを体得させたい思いで七月と向き合っています。

これから迎える「たのしい夏休み」、おとうさん、おかあさんのやさしさと温かい声かけで、笑顔の広がる夏休みでありますようにとお祈りして、今学期を閉じたいと思います。

ご協力ありがとうございました。明るい九月を楽しみにしています。

九月の教室風景

二学期スタート、夏休みが終わり、真っ黒に日焼けした子どもたちは、なんだか一回り大きくなったように感じます。長い夏休み、普段とは違った体験や出会いが、一人ひとりの心の中にステキな思い出となって成長していくのでしょうね。

そんな、いいお顔の二人のU君に出会いました。地球博のお土産をそっと、はにかんで、愛・地球博のお土産をそっと手渡してくれました。そして、チャイムの音に「後でお話聞かせるね」と教室へダッシュしたU君、ことばの教室のよい子たちは、モリゾーとキッコロのお菓子を食

ことばの教室では、学習に入る前にリズム遊びを取り入れています。カードを見ながら、手をたたく動作やしりとり歌あそびなどです

べながら、「いいな、いいな」を連発していました。ありがとうね。

とても穏やかな表情で、高速道路が見渡せる海で、弟も一緒に泳ぎながら、とぎれることのない大好きな車をずーっと眺めて、「すぐに描けるよ」と嬉しそうに、クレパスを走らせているU君です。出来上がった絵のステキなこと。思わず見とれてしまいました。

ことばの歩みを真っ先に届けてくれたHちゃん、庭に置かれたにわか作りの大型プールで妹のルナちゃんとパシャパシャ泳いだことを笑顔で話してくれました。それから、そろばんがとても楽しい様子です。計算が正しく速くできるようになりましたよ。

一年生の弟を気づかう優しいお姉ちゃんに成長したSちゃん、夏休みに弟の宿題の世話をしたのですね。とても落ち着いた雰囲気でことばのお勉強に取り組んでいます。「キリン」の詩を、いい声で音読しています。

かわいい女の赤ちゃん（いとこ）が生まれたことを喜んでお話をしてくれたT君また、お兄ちゃんになったと得意げです。優しさが伝わってきます。はっきりとしたいい声で、「キリン」の詩を音読しています。

九月一日は、登校できなかったが、次の日、元気良く挨拶してくれたS君、新しい国語の本を開いて「はばたき」の詩を進んで音読しました。今「一つの花」を読み聞かせしています。とてもいい時が流れています。

皆して本当にいい夏をすごしたんですね。

さて、もうすぐ敬老の日がやってきます。おじいさん、おばあさんのあたたかさに触れることによって幸せな気分になれるそんな絵本に出会いました。紹介しますね。

『おじいさんのハーモニカ』『おじいさんの口笛』『お

じいちゃんだいすき』『ぼく、おばあちゃんのこになってあげる』『おばあちゃんのはたけ』『空へのぼったおばあさん』等です。

どの絵本も優しさに満ちあふれ、知らず知らずの内に人間としての生きかたが身についてくるそんなステキな絵本です。

一〇月の教室風景

台風一九号の到来で「延期か、決行か」と誰もが気をもんだ「運動会」でしたが、当日は、本当によいお天気で、どの子も力いっぱい演技をして、ステキに輝いていました。運動会でのたくさんのご声援ありがとうございました。

さて、今、教室では、一〇月四日より始まった図書館まつりにちなんで、読書の秋に親しんでいます。これまで、なかなか音読や絵本に興味を示さなかった二年生のY君に変化が出てきました。入室するやいなや、「先生、これうけるよ」と手にした絵本が『まゆとおに』です。すごくお気に入りで、これまでの読み手が逆転です。まゆが、松の木をひっこ抜いている場面に来ると、顔を上気させ、絵本を持ち上げて、「ホラホラ」と、力説するほどです。この真剣な眼差し、お家の人たちに見せたいと思うほどいいお顔でした。

教材文の「お手紙」を登場人物のかえる君、がま君、かたつむり君をペープサートにして、静かに動かしながら、音読を進めていると、一気に最後まで読み終えていたHちゃん。郵便配達のかたつむり君のゆったりとした動作にも目を細めていました。長いお話ですが、会話を楽しむことで、理解できるようになるのですね。

三年生のT君、Y君、Sちゃん、バージニア・リーバートンの『ちいさなおうち』を静かに読み進めています。夏休みの「愛、地球博」と重ね合わせているのでしょうか。うなずきながら、ページをめくっている姿につい引き込まれてしまいます。あわせて教材文の音読「ちいちゃんのかげおくり」も頑張っています。「かげおくり」の遊びについて、「空」の様子を通して、話し合えるようになりました。

この様に絵本を通して、穏やかな時を共有できる幸せに浸っています。どうぞ、ご家庭でもステキな秋をみつけてくださいね。

次は、お知らせです。さわやかな秋風に乗って、今月より、かわいい六人のよい子たちが通級しています。一年生のY君（三人）、K君、Nちゃん、Fちゃんです。自己紹介から始まって、舌遊びやお口のたいそう、やまびこ遊びを通して、よい耳、よい口、よい声の出し方をおけいこしています。どの子もとても喜んで笑顔がいっぱい広がります。励ましの一声をお願いします。

一一月の教室風景

窓から入る心地よい風に、ここ沖縄でも秋の気配が感じられる様になりました。今、教室では、ギンギラギンに輝いていた太陽に「サヨナラ」を告げる思いで、M君の運んでくれたBGM（目をうるませて語ってくれた夏の思い出）に皆で、うっとり聞き入っています。その曲を流すようになってからというもの、さっきまで、目をつり上げていた子どもたちが、たちまち穏やかな表情にかわっていくことから、改めて音の持つ素晴らしさに感じ入っています。いつの日か皆でハミングできる日を夢見て、穏やかな時を共有しています。

さて、そんないい時の流れにそって、ここ、ことばの教室では、「はっきりとしたいい声の音読」が聞こえるようになってきました。これは、舌遊び（ボーロ舌のせ、ウエハース取り、ガム風船づくり）や顎を鍛える遊び（おせんべい）や呼気遊び（紙ふぶきすいとり、風船吹き、しゃぼんだま）などを通して、発声器官が知らぬ間に育ってきたからだと思います。それと同時に好きな絵本を繰り返し読むようになったことや教材文がサラッと読めるようになったことが自信へとつながり「いい声で音読」できるようになったことと思います。それにも増して、ご家庭でのおかあさんの「うん、うん」とうなずきながら聞いている姿に応えてこんなにも明るい声で音読できるようになったことだと思っています。どうぞこれからも、一日に一度は、お子様の音読に「うん、うん」とうなずいてくださいね。

次に、一〇月より通級している一年生（六人）の学習風景をお知らせします。週一時間ですが、目を輝かして入室してきます。久しく忘れていた「入ります。○○

です」と言う明るい声に初心に立ち返って私もわくわくしています。まず、ラポートづくりにリズム遊びからはじまって、動物鳴き声遊び、しりとり遊び、ナゾナゾことば遊びと興味しんしんです。疲れたら、絵本の読みっこです。今、夢中になっているのが『おさるの毎日』『おさるはおさる』です。一ページづつ喜んでめくっています。自分の一日と重ね合わせているのでしょう。大きな拍手が私を優しくしてくれます。

「ことばのお勉強大好き」「はしゃぎ過ぎの金曜日」などと、満面の笑顔で語りかけてくる良い子たちに応えられる様に、もっともっと頑張らなくっちゃと意気込んでいる毎日です。

一二月の教室風景

今年最後の月、師走になりました。花屋さんの店先には、もう、シクラメンやクリスマス用のポインセチア等が並んでいます。一年間って、本当に早いものですね。

さて、ここ、ことばの教室では、子どもたちは、早くも大好きなクリスマスの話で持ちきりです。今年は、図書室の智恵子先生から、購入したての真新しいクリスマス絵本を紹介していただいて、わくわくしながら、静かに、静かに、読み聞かせています。

Sちゃんが読み通した『おもいでのクリスマスツリー』や煙突のない家に住むこどもたちにおくるステキな絵のみの、『天使のクリスマス』、そしてU君が静かに読みながらニンマリしていたちょっと風変わりなサンタさんが登場する『1993年のクリスマス』、そして、どの子も「うん、うん」とうなずいていた『クリスマスにくつしたを下げるわけ』、そして最後に、忙しい師走を心豊かに乗り切って欲しいお母さま方にお勧めの一冊『ラブ・ユー・フォーエバー』、です。とてもステキな絵本です。

このようにこころ温まるクリスマス絵本に触れて、こどもたちは、満ち足りた気持ちで一二月の学習に取り組んでいます。ちなみに、ことばを広げ、語いを豊かにする「五味太郎」の言葉図鑑を使って、短い文作りをしたり、気持ちを発表したりしています。

つい先ほど、師走だというのに、ぽかぽか陽気に誘われて、季節はずれのとんぼが舞い込んだ際、出口を求めて、天井を旋回しているとんぼを見て、「どきどきとんぼ」「びくびくとんぼ」「おどおどとんぼ」などと口をついて出てくる様子に、せかさずうなずいて話を聞いてあげる時間的ゆとりや心の余裕を持てるように心がける事の大切さを改めて感じました。どうぞご父母のみなさま、子どもを「早く、早く」とせかさないでください。ゆっくり、話を聞いてやってください。

忙しい月ですが、常に優しさをモットーに励みたいと思っています。新しい年、二〇〇六年が目の前です。よい年になります様にお祈りして今学期を閉じたいと思います。どうぞよい年をお迎えくださいませ。ご協力ありがとうございました。

一月の教室風景

新年（二〇〇六年）明けましておめでとうございます。今年の干支は戌、朝夕のほほえましい光景(ご主人様に引かれ、最高の笑顔で道中をかっ歩しているワンちゃんたち)に、ほのぼのと心が暖かくなります。人と動物との何てステキな関係でしょうか。信頼することの意味をかみしめると同時に戌年にあやかって、これからも人と人とのかかわりを大切に優しさの輪を広げていきたいなと思っています。

さて、今、ことばの教室では、新年のちかいやお正月のお年玉の話、春休みの出来事などを話し合いながら、うすれゆく学習の確かめを始めています。

まずは、読み聞かせ絵本「いちばんはだれ」(十二支のはじまり)の絵本からスタートです。

親しみやすい動物の順番を決める簡単なストーリーですが、今回は、各動物たちの行動や言動に視点を当てて、気持ちの通い合いができるように学習を進めています。

次に、物語文の音読では、一人で最後まで正しく読み通せるように細かなステップで音読の学習に取り組んでいます。個人差はありますが、まずは、意味読みができるまで何度もくり返し読むことを基本にしていますので、ご家庭での継続練習がとても大切です。長文を最後までではなく、五行ずつ小分けして課題しますので、親子で楽しく取り組んでくださいね。とても励みになると思います。

次はお知らせです。去った一二月に、ことばの勉強を頑張ってめでたく修了したお友だちの紹介です。三年生のY君です。苦手だったお友達との関わりが上手になり、また、学習や生活の決まりなどもしっかり出来るとてもステキないい子になりました。本当におめでとう。三年生のやさしいお友だち、先生方のおかげだと感謝しています。これからもよろしくおねがいします。

各自、好きな本を持ち寄って、お友達にも聞いてもらいながら、しっかり声を出しているところです（句読点に気をつけて、いきを上手に使う）

おしまいに、二月五日は学芸会です。それに向けて一月一六日（月）より舞台げいこが始まります。コミュニケーションが不得意な子らにとってつらく試練の時だと思います。子どもの立場に立って、温かく見守ってあげてください。そして今年もまた、すばらしい経験と思い出を与えたいものです。先生方、ご父母の皆様方、ご協力よろしくお願い致します。

二月の教室風景

一人一人が輝き、会場いっぱいに感動の輪を広げた学芸会。子どもたちの堂々とした演技に行事の重さ（完成するまでの膨大な時間と苦悩に行事の疑問視もあるのだが）を今回の発表を観て、そのすごさに感じ入っています。

さて、今、教室では、学芸会に培った手ごたえを確かなものにするために、各自の目当て（物語文の音読と読解）に向かって動き出しています。

二月（節分）にちなんで、鬼の登場する絵本（ちびっこちびおに、おにたのぼうし、ないた赤おに等）を準備して、一人で最後まで読み通せるように環境を整えています。何度もくりかえし読むことによって、読後の表現に変化が見えてきました。

ささやかですが、私自身の発問の工夫（子どもの思考を伸ばす妨げにならないような発問の仕方）により、自分自身の力で絵をしっかり見るようになり、自分に問いかけ、自分で考え、絵の内容を自分の力で読み取り、物語のすじを正しくつかめるようになってきたことです。絵本や教材文の音読が確かな力となって、自信へとつながっていくものなのですね。どうぞ、これからも引き続き音読への取り組みをお願いします。

足早にかけて行く二月、まだまだ寒さが続きそうです。風邪などひかぬよう、お子さまへのご配慮、よろしくお願いします。

三月の教室風景

春だというのに、どんよりとした曇り空。でも校庭には、子どもたちのはなやいだ歓声と色とりどりのお花が咲きほこり、まさに春そのものです。

さて、今、教室では、そんな春の香りを感じながら、今学年度のまとめに入っています。

お友達とのかかわり方や文字を書くことが少し苦手なY君、この頃は『おさるはおさる』の絵本をこわきにかかえて、穏やかな笑顔が多く見られるようになりました。牛の世話やお父さんのすごさを、笑顔で話してくれます。その牛の話から発展して、スーホの白い馬へ興味が湧き、最後まで一気に読み通すことが出来ました。読後の感想もゆったりと話し合えるようになりました。

いつも頑張りノートをていねいに取り組んでいたHちゃん、基礎的な漢字の読み書きテスト一～二年（二四〇字）を見事に正解できました。また、スーホの白い馬の音読も気持ちを込めて、調子よく読み通せたこともすごい頑張りでした。ちょっと苦手な読解もゆっくり読み返し、問答のけいこを重ねることで意味理解が出来るようになってきました。「ガラスのうしモリーのおはなし」の絵本がお気に入りです。

話し始めや音読の際、すぐに言い出せなかったりしますが、前に向かって明るく学習しているT君、この頃ポケモンのゲームソフトのことを真っ先に話してくれます。そして「モチモチの木」を空で言えるほど読み返し、豆太の行動を動作を交えて、楽しく語り合っています。漢字の書写もていねいに取り組み、一～三年の基礎的読み書きテスト四四〇字も見事にクリアしました。

お話や音読が苦手だったSちゃん、この頃では、すぐに言い出せなくても穏やかないいお顔でがんばるようになりました。はっきり聞き取れるいい声で音読するのです。その上、苦手だった漢字の書写もていねいにこなすようになりました。（四四〇字クリア）これらの事は、周りの級友たちのやさしさ（うまく言い出せるまで静かに待ってあげる）のおかげだと感謝しています。

お休みがちだったS君、この頃では、眠い目をこすりながら『家庭教師のお姉ちゃんに起こされちゃった』と半ば不満気に大きなあくび。でもおだやかに学習するようになりました。大好きな絵本「ウェズレーの国」を見つけ主人公ウェズレーに夢中になっています。そして今、難解だった漢字の読み書きに奮闘中です。画数の多い漢字でも「隠れ漢字見つけた」と自分なりの学習方法を見つけ、前へ前へと歩んでいます。

そして、九月より忘れかけていた遠い日の私（教師を志した日）を思いださせてくれた純朴で真っさらな子どもたちとの出会い。

呼気が弱く音読や話し言葉に不明瞭な音があったNちゃん、紙ふぶき吸い取り、ウエハース飛ばし、大シャボン玉づくり、吹き上げ遊び等を通して、はっきりとしたいい声で「たぬきの糸車」を音読しています。自信に満ちた笑顔の何とすてきなこと。

新しい環境に小さな胸を痛めていたFちゃん、ひらがなつみ木遊びや、うつし丸くんの学習に真剣に取り組むようになりました。今では、ひらがながおおむね読めるようになりました。そして、お友だちとの会話がはずむようになったこともすごいなと思っています。

元気いっぱいクルクル駆け回るY君とK君、ことば遊びを頑張ってフラッシュカードの読み取りがサラッとできるようになりました。そして、しっかり聞きとって書き取るよい耳、よい手、よい心が育ってきました。

『はしゃぎ過ぎの金曜日』等と言い、いさんで駆け込んで来るY君、常におしゃべりがしたくてウズウズ、私が一寸でもよそみしようものなら、かわいい鼻から出来たてのちいさなおだんごをプレゼントされる。私が「きゃー」と悲鳴を上げると、ますます上機嫌。この頃では、すっかり知的に輝いて、たぬきの糸車をサラッと音読しています。

いつも澄んだまなざしで、真っすぐに私を見て、お話しするK君、「ちびっ子ちび鬼」や「鬼たのぼうし」を読み聞かせると、「この鬼、本当にいるの?」「ぼくの家にも来るの?」と目を輝かせて尋ねます。私が「うん、うん」とうなずくと、ニコッと笑顔が返って来ます。この頃では、すっかり周りのお友達になじんで楽しくお話の輪を広げています。

漢字の読み書きが得意なMちゃん、一~三年までの漢字の読み書きが正しくクリア出来たこと、さすがだなと感心しています。今は、ちょっと苦手な読解（物語文、説明文）をていねいに音読しながら進めています。あせらずゆったりと静かに向き合っています。とてもいい時が流れています。

かけ算九九がうまく覚えられなくて、困っていたAちゃん、意味理解から始めて根気強くドリルすることで、一〇〇マスの九九カードがサラッとできるようになり、お返事の声も一段とはずんでいます。そして、2位数×2位数の計算も楽に出来るようになり、会話もはずむようになってきました。

なんとステキなよい子たちでしょう。そんな子どもたちから多くのことを教えてもらいました。そして、そのたびに、負けずに頑張らなくちゃと、前へ進むことができました。子どもたちは、私にとってかけがえのない存在でした。そんな子どもたちといっしょに静かでゆったりとした時を共有できたこと、本当に幸せに満ちた日々でした。

どうぞこれからも子どもたちの小さなつぶやきにそっとうなずいて下さい。そして、あたたかい声かけをお願いします。私事ですが、諸先生方、御父母の皆様方のおかげで無事三九年間の教職を終えることができ、ホッとしています。本当にありがとうございました。

おわりに

教職三九年間の歩んだ道のりを、日々の実践記録に基づいて、回想してきましたが、教師になりたての頃の苦悩した日々が思い出されます。全く経験のない新米教師、心細く不安の多い毎日でしたが、子どもたちとのやりとりの中から少しずつ方向性を見出し、歩むことが出来ました。子どもたちの目線に立って、静かにうなずき、聞いてあげる事の大切さを、体験を通して、実感したからです。その小さなうなずきが子どもにとっては、大きな力となってやる気へとつながって行くのです。このことから、ふと幼い頃の父とのかかわりの中での温かい思い出がよみがえり、まさに、子育てや教育の原点がそこにあるような思いを実感したのです。教師としての私を常に支えてくれた二つの出来事を紹介したいと思います。

私が五歳頃の事です。風邪をこじらせ、中耳炎をおこしたらしく、沖縄市にある耳鼻科へ行くことになりました。当時は、まだ今の様なバスがなく、トラックが、乗り合いバスとして運行していました。初めてのバスの乗物で、ワクワクしていました。市街地に出ると、トラックの後ろから、連綿と連なって、走っている車を見て、あまりの驚きに、「父ちゃん、車が流れている」と大声で叫ぶと、乗り合わせていた周りの大人たちが、ドッと笑い出したのです。不安になって、父の顔を覗き込むと、父は、いつもの穏やかな表情で、「そうだね、流れているね」とやさしく同調し、うなずいてくれたのです。その一言で、周りの笑いの事も気にせず、手をパチパチたたきながら、流れる車に夢中になって、見とれていました。

もう一つのお話は、一年生の頃の出来事です。当時は、衣類の買い物と言えば、盆と正月でした。父に連れられ、石川市にある商店街に勇んでいきました。子供服コーナーで父が品定めをしているすぐ近くで、ひときわ目を引く、あざやかなオレンジ色のコートが目に入り「これに決めた」と手に取ると、店員さんは、父に向って、「それは、みためはきれいだけど、素材が人絹で、値段も安く、一度洗濯をすると、クシャクシャになってしまいますよ」と言って、別のいかにも丈夫そうな、値の張るコートを勧めている様子でした。父もしばらくは、両方を見比べていましたが、私の泣き出しそうな様子を見て、「子どもがとても喜んでいるようだから、それにしよう」と言うのを聞いて、嬉しさのあまり、父の周りをスキップしていました。そして、もっと、もっといい子になって、父を喜ばせたいと言う思いでいっぱいでした。教室で子どもたちと向き合う時、この二つの思い出が浮かんできて、やさしくなれたのです。

子育て中の若いお母さん、若い教師の方々に私の体験が少しでも参考になれば幸いです。そして、これまで私が落ち込んだ時、助言をし、温かい声かけをして下さった諸先生方に感謝の気持ちでいっぱいです。同時にまた、私を「先生」と慕い、育てくれたステキな子どもたち、本当に有難うございました。どうぞこれからも周りの人を大切に、自信を持って前進してください。その事が、ステキな明日へとつながると思うからです。思いつくままに書き綴った私のつたない文を読んで下さって本当に有難うございました。

末筆になりましたが、出版の機会を与えてくださった、琉球プロジェクトの仲村渠理さん、新星出版の城間毅さんに、深く感謝いたします。

運天文子

付

ことばのメドレー

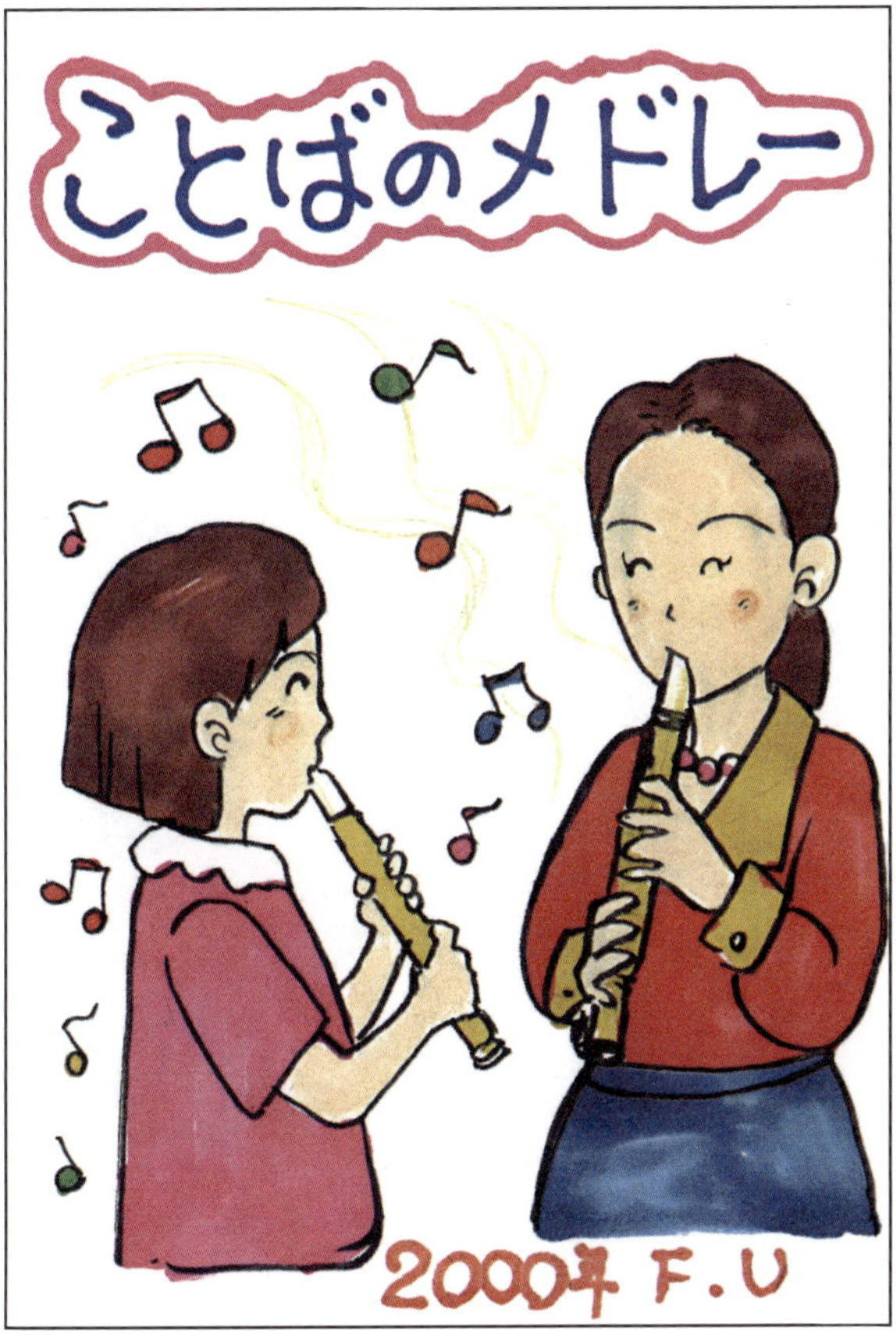

①ほたるこい

②たこたこあがれ

③なべなべ そこぬけ

④ゆうやけこやけ

⑤一郎さんのまきば
グヮッ
グヮッ

⑥メリーさんのひつじ

⑦カッコー
カッコー
カッコー

⑧よろこびのうた
(ベートーベン)

⑨ きらきらぼし

10 チューリップ

11 こいのぼり

12
とけい

⑬たなばた

14 エーデルワイス

15
うさぎ

16
むしのこえ

17
げんこつやま
のたぬきさん

⑱ジングルベル

⑲ひとりの小さな手

⑳夏休み

装　画　運天のぞみ
挿し絵　座間味良吉

著者紹介

運天文子（うんてん ふみこ）

1945 年 7 月　テニアン島にて出生
1963 年 4 月　琉球大学教育学部初等教育学部入学
1967 年 4 月　宮城小学校赴任 (普通学級担任)
1970 年 4 月　中の町小学校赴任 (風疹児難聴学級担任)
　　　　　　　東京教育大学教育学部附属聾学校にて研修を受ける（3 ヵ月）
1975 年 4 月　川崎小学校赴任 (普通学級担任)
1980 年 4 月　赤道小学校赴任 (普通学級担任)
1984 年 4 月　兼原小学校赴任 (言語学級担任)
1989 年 4 月　コザ小学校赴任 (普通学級担任 1 年、障害児学級担任 4 年)
1994 年 4 月　屋良小学校赴任 (障害児学級担任)
1999 年 4 月　渡慶次小学校赴任 (言語学級担任)
2001 年 4 月　北中城小学校赴任 (言語学級担任)
2006 年 4 月　退職し、現在に至る

私の出会った子どもたち
ぼく、わたしの小さなつぶやきに耳を貸して!!

二〇一七年三月三〇日　初版第一刷発行

著　者　運天文子

発行所　新星出版株式会社
〒九〇〇—〇〇〇一
沖縄県那覇市港町二—一六—一
電　話　〇九八—八六六—〇七四一
ＦＡＸ　〇九八—八六三—四八五〇

発　売　琉球プロジェクト
電話・ＦＡＸ　〇九八—八六八—一一四一

ISBN978-4-905192-88-6　C0095
定価はカバーに標示してあります。